Liz Moraes

Jornadas da VIDA

Habitar-se no Sagrado

Jornadas da VIDA

Habitar-se no Sagrado

Liz Moraes

CASA DO
ESCRITOR

Vitória - ES
2022

Jornadas da Vida
Habilitar-se no Sagrado
de **Liz Moraes**

Editor
Eldes Saullo

Projeto Gráfico e Editorial
Casa do Escritor

Dados Internacionais de Catalogação na Publicação (CIP)

M828c Moraes, Liz.

Jornadas da Vida – Habilitar-se no Sagrado, 1. Ed.
– Vitória - ES: Publicação Independente / Casa do
Escritor, 2022
ISBN 979-8846301832
1. Autoajuda 2. Aperfeiçoamento pessoal 3.
Equilíbrio pessoal. Título

CDD 158.1

*"Simplesmente Ser
na presença que acorda minha Alma."*
~Liz Moraes

Em um momento da escrita, me chega uma necessidade de honrar e desejar ser abençoada por minhas ancestrais.

Eis que houve, a princípio, uma tia a quem minha mãe havia tomado cuidado. Esta tia recebeu muito amor, mas não pôde ficar, com poucos dias partiu. Quando eu cheguei, minha mãe deu a mim seu nome, homenageando-a pelo lindo amor que nutriu por sua irmã, que só precisou ficar um tempo e que foi muito amada.

Eu aceito e tomo todo este amor, honrando e concordando com tudo, do jeito que foi e que é.

Dedico está escrita a esta tia, Elizabeth, e a todas as minhas ancestrais. Às tias amadas e todas as mulheres que me entregam uma energia tão maravilhosa e abençoada para seguir cuidando de um filho especial, tendo força, clareza e amor na Jornada da Vida. Em nome de cada uma, entrego aqui os textos que chegam com sua forma curativa e transformadora.

Sumário

Introdução

Sejam bem-vindos a um espaço/tempo cheio de possibilidades!

Minha jornada como buscadora despertou no aprendizado com um filho portador de deficiência intelectual, acometido de uma doença rara desde os seis meses de sua jornada física.

A caminhada como Terapeuta se iniciou na sincronia em busca da harmonia e pela ressonância mórfica com tudo o que chega dos ancestrais. Escuto a vida através dos Florais. Encantada desde o primeiro momento, formou-se uma teia belíssima que transforma a minha vida.

A busca constante neste aprendizado do cuidado trouxe à minha consciência novas realidades e possibilidades de olhar e viver a vida nas mudanças significativas que transbordam hoje em mim. Aprendi a reconhecer amor no cuidado com o outro e na simplicidade de ser quem sou.

A Formação em Terapia FLORAL: foi o primeiro passo em busca de encontrar respostas para tudo o que acontecia com meu filho. Nessa jornada da alma, descobri que havia talentos para servir a vida. Segui curiosa e ávida por tudo o que me levasse ao encontro da cura e encontrei um caminho de cura em minha própria alma. Hoje sou bióloga com abordagem Organísmica, com visão e pensamento sistêmicos. Sou buscadora de paz na simplicidade do "Ser" na Jornada cuidadora do outro, unindo áreas da Psicopedagogia e do aprendizado em todas as partes cognoscíveis físico/mental/espiritual; Psicoterapia no comportamento sutil e na Ecologia Profunda daquilo que é a dança na natureza da alma a serviço da vida.

O Silenciar

Há muito buscamos aquilo que nos conduz, tanto do lado externo quanto do lado interno. Afinal, nem sabemos o real propósito de nossa existência. Você sabe?

Todos os dias, ao despertar, emerge para todos uma nova possibilidade de fazer diferente, mas a grande maioria dos Seres recomeça sua jornada somente dando continuidade ao dia anterior. Nada muda, tudo se torna sem sentido diante de si e inicia-se o vazio. Já sentiu o vazio?

Há um profundo desespero encoberto por atividades rotineiras. O silêncio tão essencial nunca está presente. Distraem-se todos a fim de fugir de algo que está no fundo da alma. Ocupam-se com o comer, o beber, as paixões e emoções extremas para preencher o vazio. Mas existe uma ponte entre o Ser e o que importa. Essa ponte que nos leva lá no fundo, atravessando um mundo de emoções distorcidas, equivocadas e necessárias de serem clareadas. Há silêncios que despertam.

"Estou livre de meus medos, sinto crescer em mim a força e a coragem, pois já me libertei do medo. Todo problema é uma oportunidade de crescimento".

FLORAL: MIMULUS

A Busca do Devir

Dançando a vida como um beija-flor – momento do transbordar;

...a recombinação, primeiras conexões – iniciando a rede...

Como a vida humana, da forma como concebemos hoje, se inicia? De que forma o que grita do lado de fora liga pequenas conexões do lado de dentro de você? E como algo tão sublime lhe afeta num tal desespero, a ponto de implodir força que você nunca teria conhecido se um filho não a despertasse? Uma doença? Uma fatalidade? Essas perguntas, entre outras, fazem parte de buscas que às vezes nos parecem sem respostas.

Buscar essas respostas começa a fazer parte da minha vida a partir do momento em que não havia mais chão sob meus pés...

E assim começa a jornada de cada um. Preste atenção, o que te chega todos os dias?

Há uma necessidade latente do "Orai e Vigiai". Sincronicidade – Sintonia – Sensibilidade.

"Escuto a voz do coração; respeito o ritmo dos outros"

FLORAL: IMPATIENS

Prisioneiros de Si

O mundo em que habitamos se desdobra em múltiplas dobras, sutis brechas que não percebemos. Estamos todos a viver algo ilusório, pois nos fechamos numa realidade aprisionada de percepções. Somos muito mais do que pensamos ser e estamos em um espaço muito mais dinâmico do que sentimos estar. Digo ser impossível perceber aquilo que é maior diante de uma mente que se perturba com tantas distrações. Parar e olhar o que é sutil hoje em dia é perda de tempo. E assim perdemos o sentido da vida.

Prisioneiros de nós mesmos num mundo belíssimo de possibilidades e de tanta suavidade.

"*Conseguirei realizar; quero viver aqui, agora. Estou percebendo cada vez mais as conexões entre o mundo interior e o exterior*".

FLORAL: CLEMATIS

Quando ando

Quando ando pelo caminho, sentindo o sol em meu rosto e a brisa tocando minha pele... eis a presença de algo maior. Algo que sempre esteve envolto em mistério.

Quando caminho, a vida se faz presença. Num olhar – num sorriso – num arrepio.

Se permitir sentir é se permitir estar presente.

No canto de um pássaro, no barulho das ondas e na respiração sutil.

Há um mistério dentro de nós que nos liga ao que está fora.

Ou será o contrário?

Todos os elementos do que está do lado de fora nos imprimem um eterno despertar.

Algo belíssimo ...encantador.

Olhe para o lado e perceba o grande mistério da vida. Chame-o de Deus ou de qualquer nome, ainda assim será um grande mistério — imenso e maravilhoso, gentil e amoroso, que se você permitir, lhe deixará encantado e cúmplice de uma vida bem vivida.

"*Onde existe lua, também existe escuridão; preciso ver todos os aspectos da realidade; a paz está no meu interior, reconheço e compreendo meus sentimentos negativos e os liberto. Estou encontrando paz dentro de mim mesmo*".

FLORAL: AGRIMONY

Iluminar sua Vida é

UNIÃO COM TUDO À SUA VOLTA

Toda a vida gerada por nossos pensamentos transborda na matéria.

Somos responsáveis por cada movimento, cada passo...

Totalmente inundados de nossos próprios fluidos gerados por nossas mentes.

Sê inteiro no que transborda, pois só terá harmonia aquele que sente.

Estar presente num mundo sabendo que você é responsável por ele é transformador.

Iluminar a mente com momentos de silêncio nos faz sentir o universo em sua totalidade, gerando um mundo melhor, um mundo de paz.

"Eu vivo em amor incondicional, o amor universal. Eu sou aceito no mundo. Eu me doo incondicionalmente ao mundo inteiro."

FLORAL: CHICORY

Curiosa Vida que me Bate na Face e me Acorda no Tempo

Todos os dias, aprendo, seguro, desejo tudo aquilo que desconheço.

Há uma força dentro de cada ser humano que é a de se juntar, agregar e iluminar suas ideias com aquilo que se desconhece.

Essa capacidade, se morrer em nós, matamos a vontade.

Vontade de quê?

Vontade de ser pleno de sabedoria de nossas coisas: de onde vim?

Pra que estou aqui? Pra onde vou?

Curiosa vida que me bate na face e me acorda no tempo.

Andamos apagando nossas marcas para seguir outros passos, deixando a curiosidade de lado. Por isso, começamos a caminhar numa manada que segue aquilo que menos importa.

Sejamos nós mesmos: curiosos e verdadeiros para realizarmos as tarefas da alma.

"Quero usar minhas energias com mais carinho e tolerância; estou me contendo, deixando que os outros venham e entrego-me inteiramente à orientação interior".

FLORAL: VERVAIN

Respira e Vem

Nada parece mais óbvio. No entanto, o automatismo de tudo o que fazemos nos ilude numa vida cheia de distrações. Somos completamente iludidos pelo mundo de fora.

Aquilo que é mais óbvio nos escapa como o ar entre os dedos, a gelatina que escorre na palma da mão e a água que tentamos segurar para dela aplacar nossa sede.

Difícil é viver o mundo de dentro e descobrir que não sabemos nem quem somos. Como podemos dançar uma vida se nem sabemos respirá-la?

Respire... feche os olhos e os abra no mundo de dentro... vem comigo, vem!

Descubra os mistérios da alma e o diamante lindo que te habita.

Sou responsável por mim mesmo, a cada dia que passa vejo tudo com mais clareza e sabedoria. Certamente sou capaz de lutar por aquilo que é melhor para mim.

FLORAL: CENTAURY

Olhar Infinito

Há momentos que são infinitamente imensos em seu sentido.

Há muita dificuldade em expressar, dar lugar no lado de fora.

Há uma enorme sensação de inteireza perfeita e plena.

Há um olhar que vai além do que nossos olhos corpóreos e limitados podem ver.

Há uma sabedoria que sai da alma.

Quando isso acontece, me torno eu com o Todo e no Todo.

Quando isso acontece, me vejo pequena fazendo parte do Grande.

Quando isso acontece, eu agradeço, aceito, compreendo e Amo.

Estou ouvindo minha voz interior; confio nos meus julgamentos; sei o que é melhor para mim, pois somente eu posso decidir o que é certo para mim.

FLORAL: CERATO

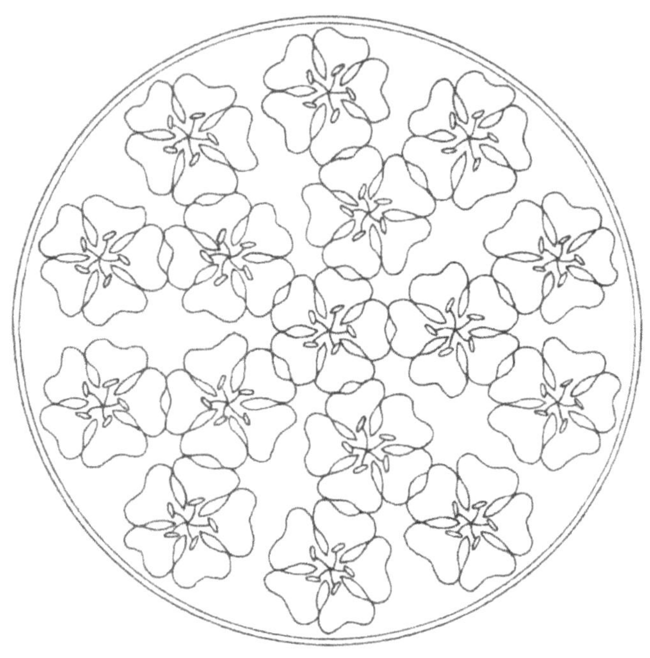

Uma manhã cheia de Luz

Quando amanhece, quando o sol se apresenta e mostra um pouco mais da vida que vivemos, surge aí algo esplêndido a ser descortinado. Algo que veio do escuro, de um lugar profundo de nós mesmos.

Luz e sombra são dois lugares de indiscutíveis possibilidades.

Perceber, sentir e acolher o que nos chega são atitudes que nos tornam mais verdadeiros em nossa jornada da alma. Nela, tudo chega e tudo vem de todos aqueles que nos entregaram a vida que tomamos hoje.

E quando aceitamos nossa caminhada e a missão de alma, nos tornamos amorosamente apaziguados.

Indiscutível vida de possibilidades ... chegue de mansinho...

Estou conseguindo encontrar meu ritmo ideal. Devo caminhar em linha reta pelo meio da estrada. Estou em contato com meu Eu Superior, que saberá guiar-me.

FLORAL: SCLERANTHUS

A Consciência da Paz

ONDE COMEÇA A PAZ EM MIM?

EM QUE MOMENTO DESPERTAMOS A PAZ?

QUAL ATO SE FAZ NECESSÁRIO PARA ACESSAR MINHA PAZ?

Buscamos a paz do lado de fora, como se ela fosse conquistada através de movimentos externos num ato de preencher. Olhamos para esse ato no outro e queremos... desejamos muito a sua paz em nós, como se isso fosse possível. E quando não compreendemos esse ato, jogamos fora nossa possibilidade de serenidade para a paz que nos habita.

Onde podemos, pois, encontrar paz e serenidade?

Encontrar esse tesouro precioso só depende de nós mesmos, num ato de alcançar consciência que começa na paz do corpo.

Há um ato único para esse começo que nos coloca em equilíbrio para a paz do coração. A partir desse ato de misericórdia e de amor a nós mesmos, iniciamos a consciência de quem somos, de nossas possibilidades para estarmos inteiros e fazermos nossas escolhas de manter a paz, realizando a cura da alma e do corpo.

Esse movimento simples é o ato de consciência do respirar calma e profundamente, leve e suavemente. Perceber o ar que entra e o que sai de nós e deixar ir tudo aquilo que não precisamos mais.

Essa é a verdadeira liberdade.

Uma prática diária de descobrir o caminho do meio.

E ao respirar, simplesmente tomamos consciência de nossas emoções desequilibradas, e podemos deixá-las passar, transpassar e ir.

Respire calma e profundamente ... segure por um instante, aquele instante de tomar consciência ... e solte bem devagar e suavemente. Pratique sua paz várias vezes ao dia e fique bem.

"Eu preciso do mundo e o mundo precisa de mim; quero partilhar minha sabedoria, com amor e humildade."

FLORAL: WATER VIOLET

34

Vida que Te Quero Viva

Vida que se inicia nem sei bem onde. A vida que chega nem sei bem quando.

Do seu jeito de ser viva, do seu jeito de ser alma.

De onde tu vens, que me chega assim tão arteira, me contando quem sou?

Conte tua jornada e me deixe sentir teu perfume.

Cheiro de Jasmim, cheiro de infância e amor de menina.

Alma, linda alma, traz pra mim sutis impressões de tua jornada.

Me dá clareza de saber dessa vida viva que me habita. Quero sempre transbordar esse amor inteiro.

Amor de tempos em tempos. Amor Maior, leve e luminoso.

"Cada obstáculo superado representa uma lição de vida. Acredito na minha capacidade nada acontece por acaso"

FLORAL: GENTIAN

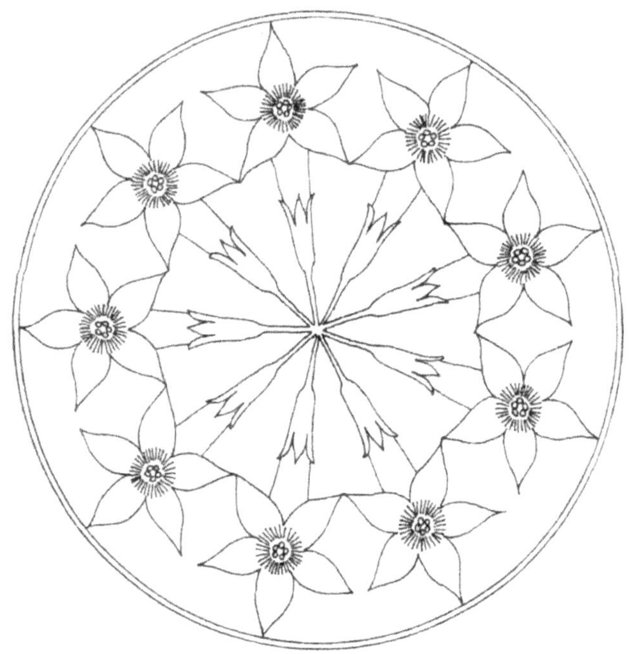

Alma Linda,
o que você me conta?

O mundo se movimenta de várias formas diferentes, e em muitas dimensões que nos parecem tão ilusórias quanto aquilo que vivemos todos os dias, sem nenhuma noção de nós mesmos.

Buscamos sempre algo fora de nós, que nos preencha, algo que nem sabemos o que é.

Somos de uma carência absurda.

Nosso corpo é a soma de tudo o que vibra, nossas células reverberam aquilo que a ALMA conta, junto com os pensamentos que criamos, que são reflexo do nosso ego, necessário à sobrevivência física.

Estamos aqui como aprendizes e a todo momento queremos ter razão. Não satisfeitos, ousamos dizer ao outro o que fazer, projetando nossos anseios mais profundos e não escutados por nós.

Somos tudo aquilo que precisamos ser, seres infinitamente plenos, mas sem consciência nenhuma dessa plenitude. Travamos nossa trajetória em busca do que é matéria e deixamos de lado o que é ALMA.

Pequenos viajantes do tempo, acordem para a sua jornada. Deixem-se soltar as amarras da ilusão e permitam-se ouvir a ALMA e o que ela conta.

A vida é cheia de sinais. Seja um observador(a) de cada ciclo e de cada etapa. Assim, siga a viagem da ALMA. Respire profundamente... feche os olhos e por alguns instantes se permita realmente escutar a vida pulsante que te conta da jornada aqui e agora.

ALMA LINDA, O QUE VOCÊ ME CONTA? SEJA LIVRE PARA SENTIR.

"Sou mais do que um corpo físico; estou junto de Deus, força poderosa que me protege e socorre sempre. Estou estabelecendo elos entre os diferentes níveis da minha personalidade"

FLORAL: ROCK ROSE

Qual será a Fonte Primária de todas as coisas?

Todos os dias, quando olho para fora de mim ao despertar, carrego comigo sensações, sentimentos e percepções de momentos que parecem estar latentes em toda a jornada noturna. Um contato com dimensões e realidades em que algo acontece, onde observo que muitas vezes não há sentido para a mente que desperta ao abrir os olhos.

Algo primário acontece em um momento anterior, onde estou entregue às aventuras mais sombrias ou luminosas, dependendo do quanto a mente que mente deseja vivificar.

Somos todos pequenos pontos sem sentido, sem rumo, sem conhecimento.

Onde andamos?

Somos andarilhos de muitos mundos. E parece que nenhum deles nos basta. O despertar para a realidade ampliada é um grande desafio neste espaço/tempo. Estamos seres que acordam ao dormir e dormimos ao acordar.

Quando relaxamos a mente que mente, muitas vezes codificada de tempos em tempos por palavras "mal ditas", tocadas por nosso sentir que nos encurrala num canto do mundo até que sejamos abatidos... acredite! Há algo que desperta..., mas para chegar num mundo de amplitude e inteireza, necessitamos voltar àquilo que é primário, percebendo onde nos desviamos do caminho, da verdadeira jornada.

Um dia, quem sabe... conseguiremos, novamente e simplesmente, nos encantar ao olhar para uma flor, um pôr do sol, uma borboleta azul ou um sorriso de uma criança ... aí estaremos mais próximos do caminho de volta à essência primária e nos tornaremos Humanos.

"Cada novo dia traz novas oportunidades; a esperança ajudará a curar-me, pois ela traz cura"

FLORAL: GORSE

Na dúvida, OBSERVE!

Nestes dias de grande despertamento, todos temos algum tipo de dúvida, seja ela pequena ou grande — depende do quanto desejamos e conseguimos despertar mais e mais. Há muitos desafios na jornada nestes tempos. O quanto você sente que precisa seguir esse despertar na consciência ampliada?

As escolhas fazem parte de nosso crescimento, onde o tempo/espaço nos acorda para um novo ciclo. Deixar ir... momentos ou movimentos, pessoas ou ideias, trabalho ou prazeres... desafiador, não é?

Olhar para o que se mostra à frente e simplesmente respirar essa onda que vem de reflexos do nosso campo entre várias energias é de fato uma construção para uma nova ampliação de consciência.

Para compreender tudo isso e crescer com nossas escolhas, é preciso aprender a deixar ir e aceitar o que escolhemos naquele momento, do jeitinho que é, com muito amor na jornada de nossa alma. Em aceitação com toda a energia que vem dos sistemas e que tem a força criadora.

A alegria completa a força; meu corpo merece atenção; respeito meus limites.

FLORAL: OAK

Um Lugar para se ir...

Pulsa em cada Ser como ponto de encontro entre a criatura e o criador.

Esse "algo" no pulsar traz um ritmo... O ritmo da vida que chega e que vai.

Onde o caminho do meio é o contato, a conexão e o encontro.

Somos infinitamente pequenos diante da criação que trazemos na matéria, essa imensa dificuldade de realizar a conexão.

Para que possamos ter um simples momento de conexão com o que é Divino, precisamos nos esforçar, e muito, para perceber que há um ponto no meio do movimento que nos conecta.

Há um universo de possibilidades que se encontra além do físico. Uma necessidade primária e básica da qual devemos nos lembrar a cada manhã e a cada noite.

"A palavra é prata, o silêncio é ouro. Preciso dar-me à medida que recebo, pois estou seguro dentro de mim mesmo".

FLORAL: HEATHER

Desde quando a vida se faz, há algo que pulsa...

Respirar na Consciência

Aprender a ficar por mais tempo no ponto de encontro, no caminho do meio entre o inspirar e o expirar. Sabe? Aquele lugar em que não há movimento, só o pulsar.

Ficar por mais tempo no ponto do meio, escutando o que chega e o que vai, sem nenhuma crítica, sem nenhum julgamento. Apenas esperar...

E se permitir no pulsar, no movimento do coração, sentir o silêncio da criação. Experimente!

É como estar no meio do oceano, em absoluto silêncio, e sentir o céu cheio de estrelas... experimente.

Desejo a você um bom lugar de conexão. Fique bem.

Tenho força para fazer o que preciso (desejo) fazer; sinto a energia cósmica fluindo através de mim; reconheço e respeito as necessidades do meu corpo

FLORAL: OLIVE

Dias de Dor e Dias de Amor

Amor e dor, como um toca o outro? Você sabe o que é Amor?

Sabe a diferença entre dor e sofrimento?

Na jornada da alma, a caminhada une várias partes de um mesmo despertar.

A dor nos acorda para o Amor.

Quando compreendermos a dor como mestra no caminho, estaremos mais perto do Amor.

Neste mundo de muitas possibilidades, mas de moléculas tão unidas refletidas no mundo da matéria, talvez a dor nos pareça uma injustiça, uma forma de punição. E se permanecermos aí ... neste lugar... chega ao sofrimento.

Ficamos na dor intensa, agindo por impulso... nem pensamos mais. Só seguimos aquilo que dói, que chega ao sofrimento por ilusão, por esquecermos quem somos. E num ato de desespero, deixamos de nos conectar com nós mesmos através do movimento de respirar profundamente.

Algo simples, mas sequestrado da mente neste instante...

Se você olhar com Amor, respirando suave e profundamente, a dor desperta no tempo/espaço e acorda para descobrirmos que, por esse caminho, estamos equivocados em nossas pequenas missões com nós mesmos, e que devemos trocar de caminho... talvez pra esquerda ou mais pra direita. Ou, quem sabe, talvez um terceiro caminho... o caminho do equilíbrio.

Às vezes também o amor que dói... dói no coração. Mas esse, talvez, não seja o Amor Maior, talvez seja um amor pequeno. Algo, talvez, que pensamos ser Amor.

...e assim seguimos com o olhar embaçado, um ouvir truncado, numa fala que não sai e em um sentir que fica e pulsa, inflamando a alma.

Desperta, alma amiga, desperta para uma vida cheia de propósitos.

Abra suas possibilidades como se abre a porta para o céu. E se permita deixar a dor ultrapassar, passar, ensinar e deixá-la ir....

Você é o sol de você mesmo (a), ilumine sua jornada e fique bem!

Seja luz nesta rede de beleza e bondade!

"Comandar é servir os outros; reconheço e respeito o valor de todos os que me cercam".

FLORAL: VINE

Liz Moraes

Buscadores de Si...

Ao despertar em nós mesmos, o que buscamos? O que realmente nos move?

Somos verdadeiros em nossas buscas?

Essas são perguntas feitas todos os dias no mundo em que habitamos, pois somos todos imperfeitos em nossa jornada, exatamente para que dentro dela possamos aprender a fazer o melhor sempre.

Essa jornada abençoada, no corpo material, em uma dimensão em que temos dificuldade de acessar possibilidades diferentes, restringe nossa alma àquilo que se faz necessário.

Quantas vezes tentamos fazer escolhas que se tornam verdadeiros desastres? E então fazemos outras, que se repetem em decepções e frustrações. Desafios necessários e incompreendidos para nossa mente restrita, pequena e imperfeita.

O que fazer para ter clareza?

O que fazer para tornar essa busca, que é para todos, um caminhar verdadeiro?

A primeira atitude é parar e silenciar.

A cada duas horas, respirar calma e profundamente, iniciando um processo de apaziguar sistemas internos físicos e entrar em estado de resiliência consigo e empatia com o todo que nos circula.

Um estado de concordar e dar o tempo necessário para realizar uma leitura daquilo que nos conduz internamente e do que está do lado de fora, a mostrar algumas possibilidades do caminhar.

Essa é a primeira atitude sempre, para que possamos usar nossas capacidades de aprender, clarear e dar direção à jornada, onde elementos que estão necessitando de equilíbrio transbordam com mais leveza, como emoções de mais ou de menos

Lugares que nos habitam há muito tempo e que neste momento se descortinam à nossa frente, para que possamos respirar neles e permitir-nos compreender e amar cada cicatriz que está na alma.

E assim seguir amando...

Amando uma Jornada de grandes desafios e apaziguando nossa alma.

"Aceito meus impulsos interiores; saberei escolher meu caminho"

FLORAL: WILD OAT

58

Estados Sombrios

Toda a luz nos lembra da escuridão!

Neste mundo de dualidades, onde percebemos o dia e a noite, o sol, a lua, o preto e o branco, a alma e a persona... estamos constantemente nos aventurando entre uma e outra. Habitamos em um estado limitado e infinitamente perturbador, pois perceber outras possibilidades é desafiador, muitas vezes angustiante e ilusório.

Há momentos em que estamos enfiados na sombra e na escuridão, vivendo energias pesadas, com muita dificuldade de compreender como sair deste lugar... Lugar em que nos colocamos por desviarmos várias vezes do caminho e dos estados de bem-estar e do bem-viver. Afundamos na lama de nossa mente perturbada e cheia de energias densas, cujas origens desconhecemos.

Fico a me perguntar: por que esse aprendizado é tão intenso? Onde pecamos contra nós mesmos? Sabe quando o mundo fica pesado, a mente que mente toma você por todos os lados? Onde está nossa saúde mental neste momento? Como encontramos o caminho de volta à casa do Pai?

Sim, a casa do Pai, aquele lugar ao qual você dá o nome que quiser, onde há apaziguamento, luz, clareza do caminho e harmonia.

Vivendo isso, percebi que há um momento em que nosso corpo conta, mas é nossa alma que nos acorda e nos acolhe em nossa jornada.

Sabe quando você precisa parar o corpo, dar um descanso, dar um momento de silenciar tudo à sua volta? De se entregar a algo maior?

Aquele... CHEGA! Vou desligar, vou "resetar"... Igual ao computador quando entra em estado de conflito.

PARE! Se coloque em estado de *"stand by"* e, até a hora de desligar o corpo em um sono profundo, examine: O que é isso que passa? Aprenda com esse momento sem discutir, concorde e espere.

Leve seu corpo a um momento de homeostase durante o sono, se permita. Desligue tudo, absolutamente tudo. E se entregue ao que é maior. Vá à casa do Pai... permita que seu corpo faça o "download" para retornar com novas

programações. Realize o sono reparador do corpo...
e o encontro luminoso da alma.

Abençoado seja seu dia, cheio de novas programações e do amor maior.
O Amor que cura. Facetado em muitas possibilidades e multicolorido.

"Minha energia será canalizada para fins positivos de controlar-me; conheço minha missão nesta vida e estou dispensando os conceitos controladores. Minha energia está à minha disposição, pois aceito a minha orientação interior".

FLORAL: CHERRY PLUM

Sabe quando tudo parece estranho?

A gente sente no ar que algo acontece... o vento movimenta as folhas das árvores e os pássaros te contam da vida que vive neles.

Sabe!... quando nos damos conta de que não estamos sós? De que a vida tem um movimento — e você fecha os olhos para tentar ouvir mais.

Há uma vontade de fluir com o vento... de estar em outros lugares, sem nem saber para onde se vai.

São muitos os barulhos que a vida faz!

Percebe-se a simetria de tudo e o quanto tudo isso nos escapa durante os desafios de uma jornada não explorada.

Há tanta vida no canto de cada canto que nem nos damos conta de todos os cantos.

De belo a faceiro, o tempo todo, a sutil presença faz morada em nós.

Somos absurdamente surdos! Somos absurdamente cegos!

Somos absurdamente indiferentes a tudo isso...

Nossa parte natural nem sabe mais como é ser natureza. Nossos sentidos estão embotados do que é absurdamente obscuro.

Comprometa-se!

Feche seus olhos e escute o sol nascer... dê graças à vida que se oferece com bênçãos. E quando o sol se pôr, se ofereça à noite absurdamente divina da vida onírica. Ela traz outra leitura dos múltiplos espaços sutis que há num sonho, que conta da vida de outros lugares.

Sejamos corajosos o suficiente para retornar à natureza de nós mesmos.

"Depois da noite sempre vem o dia; Deus está comigo, e tenho a ajuda de que preciso".

FLORAL: ELM

Por Onde Caminhar?

Nos passos de cada dia, sejam eles tortuosos ou não, reconheço meu destino quando olho o que me habita tocada pelo que está fora.

Uma caminhada precisa de multidiversidade de movimentos e uma escuta ativa de tudo o que flui.

Seu caminho é só seu. Nem adianta querer dá-lo a outrem ou esquivar-se por outras paragens. Concordar com a vida que recebemos é necessário, tudo fica mais leve.

Nesta estrada que é só sua, você pode colocar árvores, beija-flores, cores e amores... pode ter cheiro de mato ou de praia, você escolhe! Onde você pode dançar, cantar e rezar quando tiver vontade.

Em tempos de casulo, nos preparamos para "borboletear" ou voar como um beija-flor.

Ah! Meu mundo de beija-flor, lembro quando me mostrou por onde caminhar, por onde ir... nosso encontro tão belo em um lugar sagrado, onde a visão ampliada transformou meu caminho e tem minha imensa gratidão.

Saudações por esta linda jornada!

"Gosto de mim como sou; cada erro me aproxima da luz e da sabedoria; perdoo-me assim como sei perdoar os que me ofenderam."

FLORAL: PINE

Dias de Alma Feminina

Há dias em que grandes desafios nos acordam para o aprendizado da alma. Nesses dias, nos sentimos fragilizados, sem noção do que fazer a cada passo do caminho. Perturbamo-nos com tudo e com todos.

Aquele momento em que a Alma que nos habita grita desesperadamente para o aprender... sabe aquela prova da escola? Sabe aquele momento de avaliação? Isso! É disso que falo.

Temos estes momentos de ciclos em ciclos, não é verdade?

Pensa na perturbação necessária! Bastante desafiador...

Organizar tempo, espaço e verdadeiramente seguir caminhos há muito percorridos, onde grandes desafios fazem parte da Jornada da Alma. Nosso ego, que nos faz viver neste mundo mais denso, sufoca e grita desesperado para sobreviver diante de tanta pressão.

Neste momento, compreender que há algo a mais, uma possibilidade que vai e vem além de nós...

Aqui começo a perceber minha inteireza. Várias partes que mostram realmente quem sou. Trazer a consciência da presença.

Habitar-me plenamente, com todas as possibilidades de uma vida bem vivida. E enfrentando os desafios, seguir aprendendo a perceber as mensagens da Alma.

Sejamos compreensivas com nós mesmas... sejamos nós, mulheres, as boas possibilidades para curar e cuidar a partir de nosso coração feminino.

"Posso, quero e vou atingir meus objetivos; a vida recomeça a cada dia, pois estou me libertando de todas as noções limitantes".

FLORAL: LARCH

Liz Moraes

Inspire-se

Na escuta silenciosa do meu ser, inspiro-me. Deixo chegar de múltiplas dimensões um sopro. O sopro divino que faz minha alma arregalar seus olhos e perceber quem se é... e como isso nos habita!

Habitar-se! Momento mágico de cada um de nós. Algo muito, mas muito distante nos dias atuais.

Inspirar-se é preciso, sentir o sopro divino que nos conduz a cada passo do caminho na Jornada da Alma. E cultivar flores em nosso jardim do coração com intensidade de amar, onde energias recebidas de dimensões elevadas podem nos conduzir a realizar os trabalhos da alma.

Vida, bela vida, senhora do meu destino ardente de sede de cumprir o meu propósito. Alma amada, que me desperta o tempo todo, em espaços múltiplos entre dimensões... eis-me aqui, sedenta de aprender a ser quem realmente sou. Inspira-me com teu sopro divino, para que o propósito se cumpra.

"Vou vencer meu egoísmo; sou responsável pelas coisas que me acontecem. Estou pensando, fazendo e realizando coisas positivas".

FLORAL: WILLOW

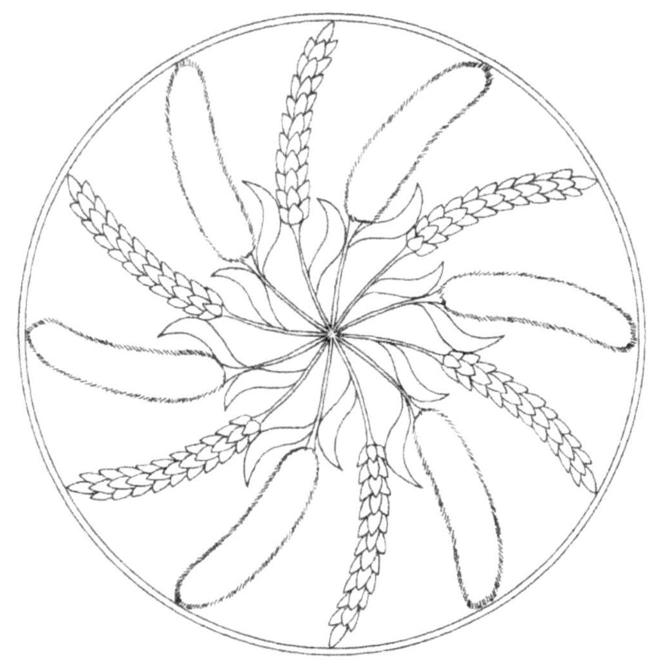

Como Caminhar, tendo o Coração como Caminho?

Das idas e vindas na vida, aprendi a sentir o caminho.

Ele tem cheiro, cor, brilho e textura, e sempre chega no sentir dos vários sentires pelo coração... às vezes de mansinho, e às vezes, perturbador.

E nesse sentir o caminho, uso todos os meus sentires, que vão além dos cinco sentidos.

Momentos mágicos e profundos, muitas vezes de difícil acesso, que nos chegam inesperadamente.

Talvez em alguns instantes não compreendamos por que nossa consciência limitada no mundo denso da matéria, que se atrita em moléculas muito unidas, não nos deixa perceber a sutileza do espaço/tempo, de onde chegam as ondas de energia sutil.

Cada vez que caminhamos com o corpo físico somente, sem o sentir, estamos fraturados, fragmentados, à parte. Fechados a outras percepções e sujeitos ao engano, a sermos manipulados e a perder a caminhada da vida.

Para quem está começando a caminhada ou para quem já está no meio ou no final... as diferenças são: Os trabalhos da alma, somente os trabalhos da alma.

Entro em estados alterados com mais sabedoria na estrada atual, talvez porque já aprendi alguns caminhos.

Mas confesso que o mundo denso e fugaz da matéria nos distrai com muita facilidade neste caminhar.

Na busca de quem somos verdadeiramente na vida da alma, caminhar e sentir faz toda diferença.
Sentir cada sopro, cada vibração, cada dor e cada amor. Sentir... com serenidade, apaziguados para realizar os trabalhos da alma.

"Meu coração está cheio de força e confiança, estou nas mãos de Deus. Uma luz superior me dirige pelo meu próprio caminho do bem e serei guiado, em favor dos meus maiores interesses, pois tenho um Anjo da guarda".

FLORAL: ASPEN

Costurando Retalhos da Vida

E assim escrevemos nossa história, através de retalhos da vida. E quando tentamos costurá-los, por muitas vezes, os remendos não se encaixam. Então, precisamos remodelar as imagens, cuidar das feridas e colocar panos quentes ou frios para seguir em frente.

Em todos os ciclos da vida, somos chamados ao despertar e muitas vezes cultivamos padrões, armaduras e cascas, trazidas e não aprendidas, que nos acordam de tempos em tempos. Algo tão necessário aos trabalhos da alma e do físico.

Temos que aprender a viver, sobreviver ou nos iludir no mundo de tantos movimentos de dor. Muitas vezes entramos no sofrimento segurando padrões como se fossem uma boia, que geralmente é jogada ao mar por ameaça mortal com cara de ovelha do bem.

Nossos retalhos são marcas de um bom combate. Uni-los em um "capote expiatório" talvez seja necessário para pertencer ao "Clã das Cicatrizes". Essas cicatrizes são "provas de resistência, das derrotas e das vitórias das mulheres como indivíduos e das suas parentas", que evocam a cura da alma.

Nas sensações de vazio, fadiga, medo, depressão, fragilidade, bloqueios e falta de criatividade, encontramos sintomas que nos atravessam na jornada da vida. No movimento de costurar cada fragilidade e reconhecer os caminhos da jornada da vida, curamos a alma e apaziguamos nossa caminhada, de bela a faceira.

"Faço tudo que me dá prazer, tenho prazer em tudo que faço; sinto meu corpo e minha mente carregados de energia, sinto-me desperto e vigoroso"

FLORAL: HORNBEAM

82

Do Caos Nasce uma Flor

Todo o universo surgiu do caos o tempo todo. O caos necessário à evolução na matéria. Há uma Inteligência no caos — acredite, sempre houve. Nenhum movimento se dá no acaso, tudo tem seu propósito diante da lei, dos campos e da ordem.

Vivemos em ondas num mundo dual: subir e descer, sentimentos e emoções, elevar e baixar frequências, dormir e despertar nosso corpo. Tudo tem seu sentido e seu sentir.

Estágios preciosos de escuridão e luz para o aprendizado na alma, a conversar com o Espírito infinito.

Somos um ponto, um pedacinho, um momento, um piscar num mundo amplo com espaço/tempo distinto e não compreendido. Imersos num mar de possibilidades que não percebemos.

Manter-se no caminho do meio é, e sempre será, a nossa maior possibilidade de evolução e cura de tudo o que trouxemos de outro tempo/espaço enquanto estivermos nesta nave chamada Terra.

Então, RESPIRE FUNDO e mantenha a atenção no seu coração, seu pulsar. Movimentos de leveza e suavidade.

Ore e vigie cada sentir e perceba sua Jornada fantástica num mundo de possibilidades.

Foque na sua presença ao respirar e silencie o tráfego da mente várias vezes dentro de cada ciclo em tua vida.

Saberá quando saborear a sabedoria deste momento, onde é único em uma teia iluminada, a sentir a importância de Amar e ser Amado.

"Depois da noite sempre vem o dia. Quando a necessidade é maior, a ajuda de Deus está mais próxima. É seguro para mim experimentar alegria em todas as áreas de minha vida. Amo a vida"

FIORAL: SWEET CHESTNUT

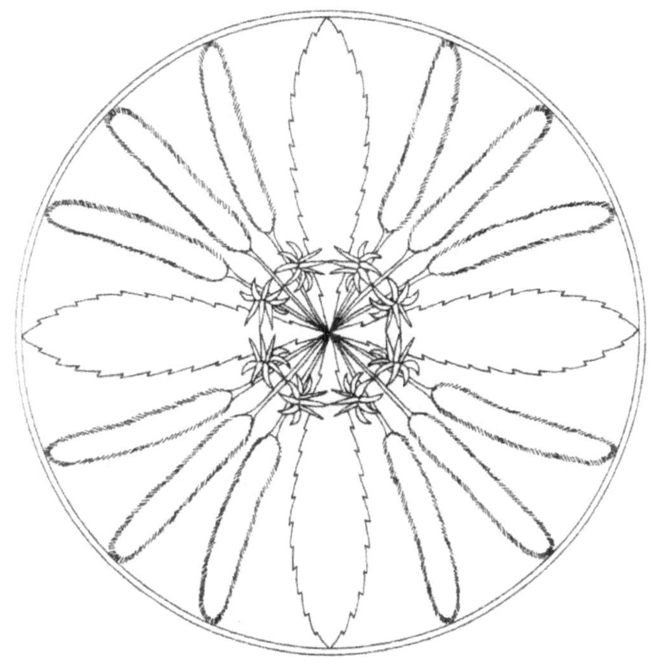

Tudo o que chega
Conta e Amplia

Chegamos cheios... cheios de tudo, e vamos nos preenchendo mais e mais.

Não somos um livro em branco. Somos cheios de uma vida vivida que nos conta quem somos. E quando chegamos lá no útero ... sim, no útero, nas primeiras divisões celulares, tudo chega e vai sendo escrito em cada letrinha do nosso corpo.

O sagrado se faz e nosso corpo guarda, coloca em ordem, arruma tudo para te contar o que te é entregue nas necessidades de estar presente num mundo denso e nada seguro. Sinto muito.

Você sente, observa, sabe e é tocado. Tudo se amplia para que haja espaço possível na cura de sua alma. E tudo o que chega são códigos, letrinhas e ligações ampliadas que liberam ou não sensações, sentimentos, hormônios e humores dentro do corpo e nas dimensões dele que sacodem, grudam ou transbordam. Sinto muito.

Às vezes ouvimos com muitos sentidos e seguimos fazendo o necessário. Outras vezes, cristalizamos e acreditamos que é só isso... e tudo bem. Sinto muito.

Somos cocriadores deste universo e cada um só dá o passo que consegue.

Sinta-se respeitado em suas possibilidades e leve em sua jornada.

Mas saiba que tudo pode ser melhor, mais suave e curador nesta etapa pela qual você passa agora. Eu sei e você sabe.

Porque tudo o que chega conta e amplia. Esteja atento em teu presente e ampliado em tuas percepções do sentir... porque eu sei e você sabe.

"Eu me torno tolerante, flexível, compreensivo e fraterno. Perdoo e percebo novas possibilidades".

FLORAL: BEECH

Liz Moraes

Pequenos Mestres Iluminando nossas Vidas Lindas...

Quando entramos neste mundo denso, condensamos nele... como eu sempre conto por aqui.

Em nossa jornada, nunca estivemos ou estaremos sozinhos. Energias nos acompanham e nos conduzem a cada instante, a cada escolha e a cada desafio.

Mas estamos muito distraídos... como eu sempre conto por aqui... inundados na matéria e iludidos, como se esta fosse nossa única vida. Será?

Quando estamos na infância, temos nossos pais... nossos pequenos mestres... que nos auxiliam nos primeiros passos, a comer e aprender como ir para a vida.

Eles nos proporcionaram a passagem para a chegada... então, baixamos nossas cabeças, reverenciando e honrando, e dizemos: SIM, meu pai; e SIM, minha mãe.

Esses pequenos mestres ou guias, como queira chamar, nos iluminam a caminhada, do jeitinho deles e da forma que necessitamos.

Depois, temos os amigos da escola, da vizinhança, do trabalho... da vida toda. Cada um que passa guia e mostra caminhos. Caminhos de desafios ou de apaziguamento, pois tocam os sistemas que despertam aquilo que a alma trouxe para aprender e AMAR ... realizando os trabalhos da alma.

Então, preste atenção... como eu sempre conto por aqui. Fique presente, amplie seu olhar e seu sentir.

Você encontrará, ali ou lá, não muito longe, aquela pessoa necessária ao seu momento de despertar e assim evoluir. Esses encontros nos tornam melhores a servir e a sair deste mundo melhor do que chegamos.

LEMBRE... você nunca está sozinho! Há sempre uma linda energia ao seu lado, vinda não sei bem de onde, a te cuidar amorosamente. Talvez você o chame de anjo da guarda, e tudo bem.

Saudações aos pequenos mestres que iluminam nossa vida linda! Que possamos, em um momento de espera, naquele minuto de desespero, aceitar receber o que vem nos confortar e conduzir.

"Posso evoluir em todos os sentidos; a cada dia que passa estou aprendendo a conviver em paz com minhas limitações. Ninguém é melhor do que eu; não sou melhor do que ninguém".

FLORAL: CRAB APPEL

94

A Escuta do Belo

Feche seus olhos e permita o sentir. Respire calma e tranquilamente esse sentir, então perceba:

Qual gosto tem?

Tem cheiro de infância ou não? Como senti na pele?

Respire mais algumas vezes, agora de olhos abertos, então perceba:

As cores, as texturas, a luz e o movimento à sua volta. Percebeu a diferença?

A PRESENÇA

Quando estamos presentes, há uma plenitude... somos quem somos.

De uma beleza de alma na presença de ser luz. Você sente?

Várias dimensões nos tocam quando nos entregamos a esse sentir no belo que se faz presente, ampliado e pleno de tudo o que somos. Permita-se sentir... feche os olhos e simplesmente sinta isso. Você sente?

Neste potencial de possibilidades, há paz e cura. Uma reorganização de fluidos de várias texturas vibrando em você e em mim, onde o encontro que cura se dá cheio de algo e de movimento, talvez divino e amoroso... talvez.

Neste sentir ampliado, há algo que nos conta quem somos através de nossos ancestrais.

É como um vaso, que vai limpando e recebendo a cada ciclo, se descobrindo em cada sentir. Como deve ser.

E a escuta do belo se dá, cheia de cheiros de criança, de percepções desafiadoras, de sensações e portais que se abrem para nos contar quem somos. Você sabe o que faz aqui neste tempo/espaço, num planeta chamado Terra?

Experimente por um tempo a escuta do belo, e se encante com suas descobertas do mundo de fora e do mundo de dentro. Talvez você encontre seu destino e sua direção. Para onde bons ventos te levarão.

Encantar-se na escuta do belo apazigua e cura.

"Minha voz interior me orienta, não me deixarei levar por influências negativas; falta apenas um passo para atingir objetivos".

FLORAL: WALNUT

Mundos Habitados
à Luz da Consciência

O mundo que habita em mim tem conexão com o mundo que habita em você.

Já te contaram em algum momento que existem muitas moradas na casa de meu Pai?

Lugares às vezes escuros, outros mais alegres e outros diferentes. Você sabia?

Volto a falar das várias dimensões que nossa consciência toca, reconhece ou se expande.

Mundos felizes ou mundos sombrios — depende de qual deles você deseja habitar e por quanto tempo. Você sabe do que falo?

Então vem escutar, tocar e sentir um espaço dinâmico, amplo e, algumas vezes, de experiências extraordinárias.

Há uma vida desperta que vai muito além do que imaginamos. Nosso corpo é composto de matéria densa igual ao planeta, mas nossa consciência é expandida e com a capacidade de tocar outros universos.

As moradas da casa de meu Pai são percebidas a partir do coração, do sentir e do ver com os olhos de ver. Lugares que nem todos irão reconhecer, mas todos irão tocar e sentir em algum momento, pode ser antes ou depois da grande jornada. Você escolhe ...

Saiba que você é livre para buscar cada uma destas moradas e habitá-las com sua consciência livre e desperta. Basta querer, desejar muito e se esforçar no bem e na paz.

Vem que te conto com o olhar tudo isso... vem! Você vai se surpreender.

Te levo até onde eu fui, nem mais nem menos. E você escolhe estar o tempo que quiser nesta dimensão maravilhosa de ser consciente, presente e iluminado nas várias moradas do Pai.

"Cada experiência me ensina uma importante lição de vida; consigo ver as coisas como elas são"

FLORAL: CHESTNUT BUD

Pulsar na Cura pelo Coração

Em um momento como o atual, dentro dos grandes desafios que encontramos na jornada, há um apoio confortador... a escuta do coração.

Falo literalmente!

PARE AGORA! E escute as batidas do seu coração.

Deixe que ele se expresse intensamente nos ciclos de sua vida!

E amorosamente perceba o quanto esse som, sentido no pulso, pulsa e te leva para um lugar muito extraordinário.

Há uma ponte neste lugar, uma conexão que floresce para que a evolução aconteça. Quando sentir o pulsar, saiba o que o sangue conta. Há fluidez, e quanto mais você sente, mais percebe a coragem conectada ao amor incondicional.

E, se você ainda não sentiu isso... discipline-se a conectar-se.

Sem sentir esse pulsar, perderá a oportunidade de amar, separando-se de si mesmo e adoecendo por não saber mais quem se é. Erguerá um muro entre você e seu Self Curador — sua alma.

Quando escuta o coração, você volta a um lugar quentinho, gostoso, aconchegante e maravilhoso.

Algo esquenta no peito e se expande, pulsando para todo o corpo.

Energia revigorante que recebe de sua mãe e do seu pai e de tudo o que veio antes... a força ancestral.

A força de família que chega através do coração de sua mãe e a energia sinergética que germinou através do potencial de seu pai. Força que lhe deu a vida.

Você é a união linda de dois sistemas que contam a que veio.

Essa conexão com o coração lhe revela o cerne que liga a alma — a sua alma, a alma dos sistemas — à alma do todo maior.

Essa volta ao útero na escuta do pulsar revela e leva você à estados de cura... ao aconchego, por um pouquinho. E ali você fica quietinho (a), aguardando o fluido que chega, a energia curadora e a força que impulsiona a seguir adiante.

Como sempre digo por aqui: inspire. Inspire, e quando estiver no caminho do meio, segure por uns segundos e sinta seu coração no pulsar... depois, solte suavemente e cure sua alma no encontro com a energia que chega e ilumina sua Jornada da Alma na grande JORNADA DA VIDA.

"Tudo caminha na direção correta; a solução que procuro surgirá espontaneidade, quando menos esperar. A calma flui diretamente através de mim."

FLORAL: WHITE CHESTNUT

Liz Moraes

A Conexão com o Sagrado

Todos os dias você é chamado à conexão com o Sagrado.

Você chega neste espaço/tempo amplamente conectado a "Ele" e vai afundando no campo físico, desconectando-se "Dele".

Dia após dia, todos os dias, a todo momento, você é tocado pelo sagrado. Tanto no mundo de dentro como no mundo de fora.

Dimensões infinitas de conectividade expandem a cada passo do caminho.

Tudo o que chega a você, conecta. Sim, você até sente algo... passa ali do lado. Uma sensação, um sentimento ou um ver estranho que te deixa curioso, desconfiado ou até com medo.

Sabe aquela intuição, aquela fala suave, naquele momento de oração ou de meditação? É, esse mesmo que chegou até você agora. Essa conexão é suave, cheia de oportunidades de acesso a múltiplas dimensões de nós mesmos e de dimensões que alguns jamais tocaram.

São momentos e espaços de clareza, concentração e paz. Mas o corpo está por demais agitado para ouvir.

A conexão com o sagrado se dá através da suavidade e da mansidão. Isso já nos foi ensinado há mais de 2 mil anos. Mas para muitos isso é algo quase impossível.

Quando conseguimos ouvir os sons que nos chegam através da natureza e senti-la em todas as suas nuances, aí há a possibilidade de conexão com o sagrado.

Quer uma dica? Mergulhe em si mesmo, sem medo. Aprenda a conectar seu sagrado e a natureza que chega e conta quem você é... sei que você se esqueceu quem é... e você também sabe.

Volte para a natureza de si. Procure em um primeiro momento a natureza, depois o momento do silêncio e em seguida a conexão intuitiva e amorosa do Sagrado na Jornada de sua vida.

"Deus está com eles. Sou capaz de irradiar paz, calma e otimismo; devo também pensar em mim com amor."

FLORAL: RED CHESTNUT

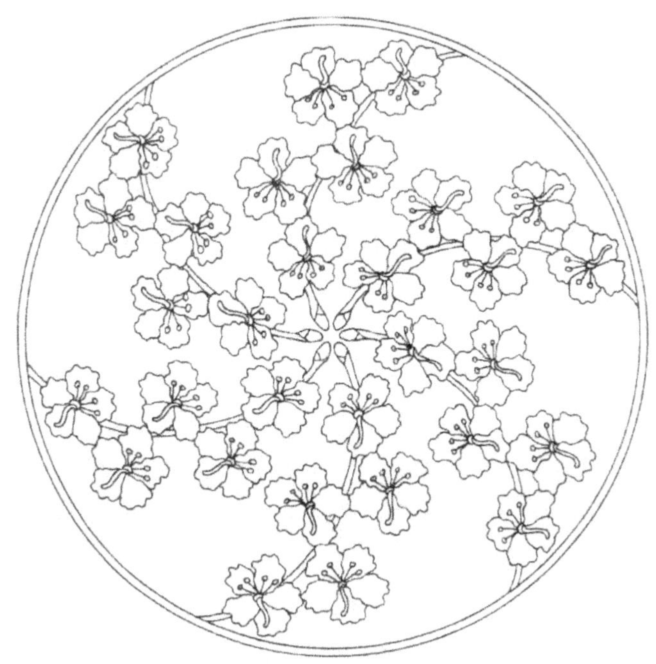

Ler a Vida e Seguir seu Fluxo...

Todos os dias, quando acordo, me torno curiosa pela vida que me embala e acalenta.

Projetos, caminhos, movimentos, relacionamentos, entre outros. São possibilidades infinitas em um olhar cheio de curiosidade.

O que temos para hoje?

Iluminar espaços estreitos que a consciência ainda não-desperta consegue ler por agora é algo que me abre para o que chega.

Somos todos navegantes em uma jornada abundante de sinais. Só precisamos nos permitir ler além e aguçar todos os dias a nossa curiosidade e criatividade, na busca de sinais que nos conduzem pelo coração através da alma.

Olhamos nossa jornada muitas vezes pelo buraco de uma fechadura, porque temos dificuldade de abrir a porta e ampliar.

Talvez melhor não abrir? Talvez não seja seguro? O que fazer?

Há muitas leituras da vida que ainda nos são difíceis de fazer, por causa da dor, da acomodação ou porque não conseguimos acessar os lugares mais ricos da psique: o contato com a criança interior — essa parte nossa que é criativa e curiosa.

Ir ao encontro de nossa criança interior e começar a ler a vida, seguir seu fluxo criativo e cheio de alma, nos traz paz, rumo, propósito e superação.

Esse encontro nos alegra durante a jornada, lembrando a nós que vale a pena seguir esse fluxo.

"Amo e sou objeto de amor; meu coração está aberto a todas as manifestações de afeto; todos os seres humanos, sem distinção, são meus irmãos".

FLORAL: HOLLY

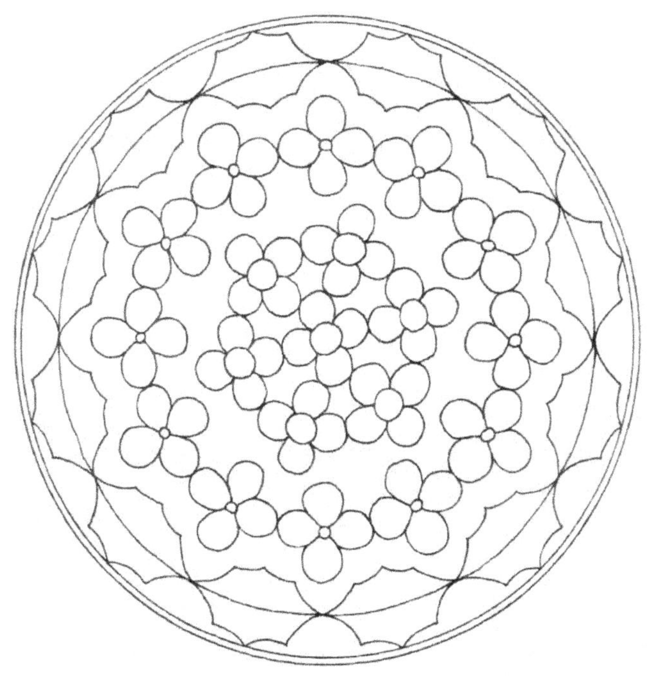

Liz Moraes

O Todo que chega e Conduz...

Na vida, nada é tão importante quanto aquilo que chega. Nada é maior do que aquilo que te é entregue para vivenciar.

Quando percebemos as possibilidades desses momentos, podemos pensar e sentir algo que é maior que nós. Isso nos entrega parâmetros de informações não-mensuráveis por nossa consciência ainda pequena e limitada, que ignora a multidimensionalidade do espaço/tempo — sobre o qual não temos a mínima noção, dentre todas as suas realidades e possibilidades diversas.

Vivemos alienados do que é real e pleno. Estamos totalmente fragmentados e separados. Ilumina-se somente um ego: uma parte de todos nós que tem sua necessidade de sobrevivência neste espaço/tempo, percebendo enganosamente que este espaço/tempo é único, verdadeiro e reconhecido pelos cinco sentidos — excluindo qualquer outra possibilidade.

Quando a matéria condensa e a percebemos tocando e chegando a nosso corpo, alma, mente e à nossa consciência ou ao seu limiar, não temos a ideia de que este corpo é o final de tudo, e não o começo.

É no corpo que fazemos uma leitura do que chega. É através dele que recebemos as informações para ajustar a Jornada e aprender as lições para nos tornar mais inteiros diante desta plenitude.

Algumas pessoas, com menos habilidades cognitivas e expansivas, precisam de um limitador, um formato, uma religião — uma forma para lidar com o que chega e para religar-se a todas essas possibilidades de maneira mais branda, conforme seu aprender possível.

E não há nada de errado com essa demanda. Porque as informações chegam para cada um ao seu tempo e meios adequados à sua compreensão. Evolucionam ao seu tempo, com fluidez, num processo amoroso, conduzido por algo muito maior que nós.

Para expandir todas as possibilidades, é necessário permitir-se escutar ativamente, fisicamente, espiritualmente, e sentir tudo o que chega a cada dia. É preciso se deixar surpreender, encantar-se até mesmo no caos, para ali... ali adiante perceber uma postura que muda diante da jornada, perceber que há algo depois do muro, depois da separação, depois da perda de alguém. Depois dos grandes distúrbios que nos contam nossa direção correta e nossa inteireza como alma que evolui sempre para o melhor.

E que possamos todos nós darmos as mãos, neste momento, e criar um grande círculo de fraternidade. Apaziguados em um coração cheio de bênçãos, seguindo e amando sempre.

Leia o mundo que chega! Que conta tua verdade, tua missão, tua jornada de alma.

Que estejamos com nossa ESCUTA SEMPRE ATIVA: "ORANDO E VIGIANDO".

"Cada dia traz novidades consigo; tudo na vida muda para melhor; hoje tenho coisas maravilhosas a fazer".

FLORAL: HONEYSUCKLE

Quando o tempo para o vento...

De repente, em algum momento, tudo para. Tenho a sensação de sentir minha presença absoluta no toque, como se o tempo mudasse de jeito.

Um jeito de estar presente em movimentos suaves e sutis, como se a mão que toca nem fosse minha.

O tempo entra em choque com o despertar do vento.

Não sei bem como foi, só sei que senti. Dei-me conta da minha total plenitude, nem sei bem em que dimensão.

Uma mão suave a tocar com muita delicadeza num tempo fugaz.

Precisava te contar isso e dizer que se sentir tal vento, que muda o jeito do tempo, não se assuste.

É só você contando de você mesmo num outro tempo. Sua alma sabe, sua alma sente, sua alma conta.

Despertamos para o que realmente somos — seres multidimensionais vivendo um instante da vida.

Uma vida inteira que mostra parte de tempos em tempos.

Seja bem-vindo (a) à plenitude, à inteireza e ao amor iluminado de Deus, descortinando as várias possibilidades de você ser parte atuante a servir a vida aqui e agora.

"Posso conseguir tudo o que pretendo na vida; a cada dia minha existência se torna mais bela e interessante".

FLORAL: WILD ROSE

Conclusão

A cada ciclo na Jornada da Vida, algo em mim que se expressa transborda e conta dos trabalhos da Alma.

Aprendi, desde pequena, a sentir a vida através do "tomar" a sensibilidade de uma avó que benzia, de uma mãe com alta percepção, perturbação pelas visões e não compreensão de todas estas dimensões. Diria até de um grau de "mediunidade" elevadíssimo, misturado com distúrbios e desequilíbrios de medo.

Segui minha sensibilidade num ato de amor pela vida ao receber a tarefa de ter meus filhos e passar adiante meus 50% de amor que uma mãe entrega a eles. Eis que chegou um deles a me acordar para o trabalho mais desafiador da alma. Então, tudo transbordou no tempo da gestação e na hora do parto. Algo que chegou agarrando seu propósito e me fazendo dar passos nunca antes imaginados.

Quando aprendemos a ampliar a escuta nas possibilidades do espaço/tempo multidimensional, notamos uma expansão em nossa percepção e na forma de estar no mundo, onde a escuta fica igual à de um morcego que tem uma audição apurada, ou à sensibilidade dos pés de um elefante, que possui terminações nervosas e movimentos sutis à distância. Ou seja, nos tornamos parte da natureza novamente. Reconhecemos nosso corpo, mente, emoções e alma de volta ao todo, do qual nunca deveríamos ter nos afastado.

Escrever cada texto foi de uma bênção imensa e de um encantamento absurdo. Igual ao momento em que, no meio da mata, tive a presença de um beija-flor a me visitar e voar em torno de minha cabeça, contando do clã dos curadores e a grande descoberta das minhas ancestrais nativas das terras do RGS. Cada momento de entrega nesta escrita vem da alma, ressurgida do todo e dos aspectos multidimensionais de tempo e espaços, agregando movimentos para reconhecer e conhecer caminhos para os trabalhos da Alma.

Hoje, quando releio todos os textos, sinto no meu coração cada palavra como uma linda canção contando de como seguir na Jornada da Alma. Reconhecendo os caminhos possíveis do sentir a vida, de todas as minhas ancestrais e tomando sua força poderosa e curadora que de alguma forma poderá ajudar outras mulheres, e talvez homens. Construindo uma trajetória de recordar e curar suas almas perdidas num mundo de perturbação extremamente intoxicado, que nos acende para despertar em uma cumplicidade belíssima e encantadora diante de todo o caos necessário.

Deixo então, com minha Alma inundada de amor, um pedacinho de mim aqui e agora, neste espaço/tempo, para tocar corações e almas a lembrar de quem se é.

Liz Moraes

Sobre a Autora

Liz Moraes é Professora, Bio-Psicoterapeuta, Bióloga e Psicopedagoga com uma abordagem holística, Integrativa e Sistêmica. Atua em Círculos Femininos e Clinica. Facilitadora em Cursos para Terapeutas e Escritora. Com formação nas áreas de Biopsicologia, Neuroreabilitação, Coach & Mentor e Psicologia Transpessoal entre outras. Há 22 anos atuando em Clínica, Instituição de Ensino e Empresas.

Uma jornada que têm seu início em 1986, no aprendizado com um filho portador de deficiência intelectual acometido de uma doença rara desde os seis meses de vida com convulsões que o acometem ainda hoje. A caminhada como Terapeuta tem começo em 1998 quando a Terapia FLORAL: chega como uma proposta de auxilio e cura. Encantada segue nesta busca numa visão holística e complementar de tratar. Então forma-se uma teia belíssima que transforma a vida. A busca se torna intensa a fim de expandir. Uma atuação que traz o movimento do coração para uma jornada de auxilio no desenvolvimento e transformação das pessoas em todas as suas dimensões.

A escrita surge tímida, primeiro para contar esta história de amor incondicional, depois para transbordar em contatos multidimensionais com o todo na vontade de iniciar o caminho para entregar o que vem da alma. O filho se tornou um mestre a ensiná-la como cuidar com um amor imenso e paixão. Aprendeu a olhar para aquele a quem cuida na terapêutica com a alma e se vê preparada para enfrentar os desafios da profissão, com o coração aberto na escuta amorosa. A escrita nasce da necessidade de entregar o caminho para tocar corações e iluminar almas.

Casa Do
Escritor

casadoescritor.com